AF462265

On trouve chez Musier, Libraire, rue Pavée Saint-André, du côté du quai des Augustins, N°. 28, maison de M. Didot l'aîné, Imprimeur, & chez Remi, Peintre, rue des Grands Augustins:

TABLEAUX des anciens Grecs & Romains. 2 vol. in-4°. fig.

Les Tableaux que nous présentons au Public sont un abrégé des Histoires générales de l'Antiquité. On y trouvera réuni, sous un même point de vue, tout ce qu'il intéresse de savoir sur la vie tant publique que privée, les cérémonies publiques & religieuses, les magistratures, le militaire de tous les anciens Peuples.

Ce répertoire est utile à l'éducation de la jeunesse, qui se familiarisera avec la forme, la figure de ces nations dont elle apprend l'histoire, nécessaire aux artistes pour fixer leurs idées sur les costumes des sujets historiques qu'ils auront à traiter. Il épargnera au Savant une recherche longue & ennuyeuse dans une immensité de Livres.

Cet Ouvrage se donne par cahier in-4°. de six sujets, accompagnés de six tableaux: il y en a de trois façons.

En papier raisin, avec les figures tirées en noir. 6 l.

Le même, avec les figures proprement coloriées. 9 l.

En grand papier, dit Nom de Jésus, avec les figures également coloriées. 12 l.

Quoique nous soyons dans la ferme résolution de ne ménager ni peine ni dépense pour porter de plus en plus cette entreprise à son plus haut point de perfection, nous ne demandons aucun argent d'avance: mais nous prévenons que pour faire jouir nos premiers acquéreurs d'un bénéfice réel, & nous procurer une rentrée qui nous mette à portée de suivre plus vivement notre travail, à trois mois de date de l'annonce de chaque cahier, par le journal de la Librairie, inséré dans la Gazette de France; le prix de chaque cahier sera augmenté d'un tiers, sans aucune espérance de diminution.

LECLERC, Syndic.

TABLEAUX
DES ANCIENS GRECS,
DES ROMAINS,
ET DES NATIONS CONTEMPORAINES.

AVIS.

On s'est proposé de réunir en un seul corps d'Ouvrage ce qu'on sait de plus curieux sur l'état civil, politique, & militaire des Anciens; sur les Arts qu'ils ont portés à un degré supérieur, ou qu'ils ont inventés; sur leur Philosophie & leur Législation. Chaque article sera accompagné d'une Figure.

On publiera les deux volumes de cet Ouvrage par livraisons successives; elles paroîtront au moins de deux en deux mois, & seront composées de six articles & de six gravures.

On ne doit relier ces différentes livraisons que lorsqu'elles auront été délivrées en totalité; alors on verra, dans la Table des matieres qu'on publiera, l'ordre respectif de ces livraisons, & il en résultera une histoire suivie de l'Antiquité.

La présente livraison est formée d'Observations préliminaires sur la marche des Arts, des Sciences, & de la Politique des Anciens. 2°. Du Portrait d'Homère, & des remarques sur la vie & le caractere des Ouvrages de ce Poëte. 3°. De l'image de l'Augure, accompagnée d'un Essai historique sur la Religion & les cérémonies Romaines. 4°. Du Tableau d'une Amazone, avec une Histoire des Amazones. 5°. Du Soldat Romain, accompagné de l'Historique concernant les mœurs des Militaires dans les différens âges de Rome. 6°. D'une Figure des Femmes Spartiates, avec un Essai sur le caractere des Femmes de l'Antiquité. 7°. Du Mariage des Romains, suivi de l'Histoire domestique des Romains.

TABLEAUX
DES ANCIENS GRECS, DES ROMAINS, ET DES NATIONS CONTEMPORAINES;

Où l'on trouve le Cérémonial, la Vie privée, l'État Politique, Civil, & Militaire, les Sciences & les Arts de l'Antiquité.

Ouvrage composé de deux Volumes in-4°, avec Figures coloriées ou non coloriées, dessinées d'après des Statues & des Monumens authentiques.

TOME PREMIER.

A PARIS,

Chez { PIERRE REMY, Peintre, rue des Grands Augustins, à côté de celle Christine.
J. B. G. MUSIER, Libraire, Quai des Augustins.

M. DCC. LXXXV.

AVEC PRIVILÈGE DU ROI.

OBSERVATIONS

PRÉLIMINAIRES,

SUR le progrès des Arts & sur la marche de la Politique chez les Anciens & les Modernes.

QUAND on compare l'Antiquité aux temps modernes; lorsqu'on réfléchit sur les Arts, les connoissances, les Gouvernemens politiques & militaires des Anciens, & qu'on jette un coup-d'œil sur les institutions récentes des Européens, on est fondé à croire que tout est *action* & *invention* dans l'Antiquité, & *imitation* ou *répétition* dans notre Europe moderne.

Dans l'art de gouverner les hommes, quel Peuple fut plus sage & plus politique que les Grecs & les Romains? quelle Nation fit plus de découvertes dans le métier de la guerre? dans quel Empire moderne a-t-on vu le caractere belliqueux & conquérant aussi long-temps & si fierement soutenu?

On ne trouve plus, dans notre Histoire moderne, ni des Sésostris, ni des Alexandres, ni cette constance dans les expéditions militaires, que Rome présente depuis sa fondation jusqu'à l'accomplissement de son projet, *la conquête du Monde.*

Dans les Beaux-Arts aussi, comme dans l'art de gouverner, tout est *création* parmi les Anciens : en Poësie, nul mortel n'a été supérieur à Homere : ses tableaux sont si naturels, ses descriptions si vraies, que cent Peuples divers, qui ont formé sa postérité, ont célébré, de concert, le Prince des Poëtes : toutes les sortes de génie ont été sensibles aux beautés de sa poësie vive, noble, pleine de force & d'harmonie, & d'un coloris frais & brillant. Homere est le premier des Poëtes, le Poëte de tous les âges, de tous les climats, & de tous les Peuples.

Dans les Jeux Scéniques, la Grece nous présente les premiers modeles de l'Art. Le grand secret d'égayer l'esprit par une douce plaisanterie, ou d'émouvoir par la représentation d'une grande action, touchante ou terrible, fut trouvé par ce Peuple ingénieux; enfin, tous les moyens dont l'art se sert au Théâtre pour toucher le cœur, exciter la pitié ou le rire, fut perfectionné par les Grecs, qui conçurent les premieres idées de l'imitation de la Nature sur des Théâtres.

Quel Peuple offrit une si grande variété de génies créateurs dans les autres Arts? C'est dans les Sculptures des Grecs qu'on trouve les premieres imitations de la Nature, dans ses productions belles, jolies, plaisantes, agréables, & touchantes. Les vraies proportions dans l'Architecture ſe montrent encore dans les débris de l'antique & immortelle Grece : nous avons pu imiter ces Ouvrages : nous ne les avons jamais ſurpaſſés.

L'époque la plus glorieuſe des Modernes, cet âge qui reſſemble le plus, parmi nous, à l'âge créateur des Anciens; c'eſt ſans doute cet eſpace de temps qui a vu régner Léon X, le Cardinal de Richelieu, & ſur-tout notre immortel Louis XIV. Le Philoſophe eſt étonné, quand, en réfléchiſſant ſur la variété de Génies qui parurent tout à coup parmi nous, il s'apperçoit que l'attrait du beau ſuccede au génie entreprenant des expéditions militaires de nos peres barbares.

A l'époque de cette renaiſſance des Arts parmi nous, l'Europe avoit été conduite, pour ainſi dire, par une intelligence particuliere, vers leur culte. Féroces, ſanguinaires, & deſtructeurs, les Barbares du Nord, cette troupe vagabonde de Goths, de Wandales, de Wiſigots, de Francs, la hache à la main, inonderent d'abord tout l'Empire. Tout ce qui étoit civiliſé, éclairé, ſenſible aux productions de l'Art, fut diſſipé, anéanti; il ne reſta de ces ſanglantes expéditions qu'un caractere barbare & deſtructeur. La France, l'Italie, l'Eſpagne, & les autres Etats, occupés de leur agrandiſſement, montrent ce caractere dans toutes les parties de leur Hiſtoire.

Les Croisades doivent leur fureur destructive à cet esprit turbulent & belliqueux, qui se montroit encore ; & nos ligues, nos guerres de Religion en furent les derniers efforts.

Mais ici finissent entierement les tourmens de ce Génie remuant & guerrier de l'Europe moderne. Rome, sous Léon X, avoit déjà joui des charmes de quelques Arts; & à peine la France eut-elle respiré quelques momens après le tumulte de ses guerres intestines, que Richelieu, le plus profond des Politiques, employa parmi nous les ressources des Césars, qui vouloient occuper les Peuples d'amusemens plus tranquilles, & fléchir, par une salutaire diversion, le caractere indomptable des Citoyens, en substituaut l'attrait des beautés de la Nature, à l'attrait de la guerre, des troubles, & des dissentions.

Le génie des François, naturellement flexible & porté à suivre les impressions de ses Chefs, goûta les nouveaux charmes des Beaux-Arts : dans peu de temps, toute l'Antiquité parut ressusciter parmi nous. Sous Richelieu, Auteur de la révolution, on vit la premiere des Sociétés Littéraires, l'Académie Françoise, enseigner, par des préceptes & des exemples, l'art du beau dans la Poësie & les autres genres des Lettres.

C'est au génie créateur de Richelieu qu'on doit la formation

formation du ſiecle qui produiſit Corneille, célebre dans la Poëſie ; & Deſcartes & Gaſſendi, dans la Philoſophie. Corneille égala les Anciens dans l'Art de la Poëſie théâtrale ; la force de ſon ame fut telle dans la peinture des révolution des Empires, que Richelieu en fut jaloux : tous ces grands Hommes & pluſieurs autres étoient formés avant que Louis XIV fût majeur.

Mais il fut donné au ſiecle de ce grand Roi de polir la Littérature Françoiſe, qui avoit déjà pris de l'eſſor & montré l'énergie de l'adoleſcence : Racine & Fénelon, toujours ingénieux & toujours pleins de graces & de charmes, ſuccéderent aux plus anciens Ecrivains, recommandables principalement par les premiers élans d'un génie vigoureux, actif, & énergique. Au courageux & véridique de Thou, le temps ſubſtitua un Vertot, remarquable par un ton plus pacifique & moins remuant : ainſi le génie repréſentatif de tout le ſiecle influoit ſur le caractere des Ecrivains ; & l'ame de Louis XIV agiſſoit en mille manieres différentes ſur toutes les claſſes des Citoyens. Déceler le génie & le polir, ſemble appartenir particulierement au ſiecle de Louis XIV.

Telle fut donc la marche de l'eſprit humain parmi nous, que l'attrait des beautés de la Nature & des lumieres ſuccéda à l'attrait des troubles & des expéditions, & que la gloire littéraire devint une ſorte de gloire analogue à celle des armes, après avoir été ignorée ou mépriſée des Européens gothiques ou barbares.

Mais dans tous les Ouvrages, ſoit du ſiecle paſſé, ſoit du temps préſent ; dans ceux même qui montrent les plus grands efforts & les plus grands ſuccès de l'eſprit humain, eſt-il quelque beauté qui n'offre ſa ſemblable dans les productions des Anciens ? En eſt-il quelqu'une qui ne trouve même ſa ſupérieure ? Quelle Statue moderne peut devenir le pendant de la Vénus de Médicis ? Quelle Hiſtoire plaçons-nous à côté de celles de Tite-Live ou de Tacite ? Quel Poëme à côté de l'Iliade & de l'Enéïde ? Avons-nous pu même imiter ces chef-d'œuvres de l'Antiquité ? ſans parler d'une longue ſuite d'autres genres dans leſquels nous ſommes reſtés inférieurs.

De là, ſans doute, la néceſſité de revenir perpétuellement à l'étude des Anciens ; il faut obſerver ſans ceſſe cette auguſte, cette vénérable Antiquité, la comparer à la Nature, dont elle fut la premiere, la fidelle copie, & l'interprete la plus véridique : c'eſt dans des études ſemblables que conſiſte le ſeul moyen de conſerver parmi nous l'attrait pour le beau & l'amour des Beaux-Arts.

Cependant les ſiecles de Louis XV & de Louis XVI comptent, dans ce moment, trop de détracteurs : un grand nombre d'Ecrivains les cenſurent avec trop d'amertume. Que dira la Poſtérité, d'entendre perpétuellement les plaintes ameres de tant de Critiques qui appellent notre âge, *l'âge de la décadence & de la dégradation?*

Quoi! le ſiecle de Greſſet & de Dorat, le ſiecle qui vit s'élever Voltaire & Crébillon, qui perfectionna Maſſillon, qui entendit la Muſe fiere & pittoreſque de J. B. Rouſſeau, eſt-il donc le ſiecle de la foibleſſe & de la décrépitude? N'eſt-ce pas dans ce ſiecle qu'une ſeconde faculté de l'eſprit, celle de *philoſopher* ou de *raiſonner*, a été perfectionnée? Et dans cette partie, peut-on dire que Monteſquieu, J. J. Rouſſeau, & Mably trouvent dans les Anciens même leur égal? Le Traité des ſenſations n'offre-t-il pas dans les opérations de l'eſprit profond de Condillac, autant de force que la conduite du Cid qui préſente une génération de peintures? Et ſi l'art de peindre eſt un art ſublime & ingénieux, l'art de ſuivre le vrai dans toutes ſes poſſibilité, demande-t-il moins de génie? Cet art de ſentir & de peindre ce qu'on ſent, eſt ſans doute un art divin, qui décele le don de la Nature; mais l'art de raiſonner, d'étudier, par exemple, cette Nature dans ſes opérations les plus ſublimes, de la ſuivre dans ſes révolutions, & d'en écrire l'hiſtoire, ne demande-t-il pas, dans l'autre faculté de l'eſprit qui agit alors, autant de force d'ame?

Notre ſiecle, qui a vu de nouvelles productions de cette autre faculté de l'eſprit, qui étoit auparavant comme dans l'inaction, n'eſt donc pas le ſiecle de la décadence ? C'eſt le ſiecle de la multiplication des genres, & non le ſiecle de l'anéantiſſement.

Il falloit s'élever, non contre le ſiecle qui nous offre un caractere particulier dans l'hiſtoire de l'eſprit humain, mais contre les mœurs régnantes de ce ſiecle, qui ont appelé à la célébrité de faux talens, de faux Philoſophes, de faux Orateurs ; il falloit reſpecter les vrais chef-d'œuvres qu'il a produits : car les Ecrivains ſubalternes, qui uſurpent ainſi la réputation, ne forment pas la vraie renommée d'un ſiecle. Pour dix Ecrivains ſupérieurs que produiſit le ſiecle de Louis XIV, on compte mille Auteurs aujourd'hui ignorés, qui montreroient, dans le ſiecle de Louis XIV, un ſiecle de foibleſſe, ou de dépravation, ou de décadence, ſi le nombre des Ecrivains pouvoit caractériſer les ſiecles.

En comparant à préſent les Modernes & les Anciens, relativement à la politique des Souverains, on voit dans ceux-ci une certaine fierté qu'on ne retrouve aſſurément pas dans les Monarchies Européennes.

Un Séſoſtris qui parcourt l'Orient en vainqueur ; un

Alexandre qui renverse des Trônes, étend son Empire jusqu'à ce que la Nature lui oppose des obstacles qu'il ne peut vaincre ; une Ville de Rome qui travaille pendant cinq siecles à conquérir le monde, non seulement n'ont rien de semblable à nos Conquérans ou à nos Puissances militaires modernes ; mais même cette ancienne passion des conquêtes semble éteinte dans l'esprit humain ; on diroit, après avoir profondément médité sur l'histoire de l'espece humaine, que cette espece s'affoiblit aujourd'hui : les premieres Nations Orientales, les Assyriens, les Chaldéens, &c., nous la présentent, au contraire, dans un état fougueux & entreprenant ; c'est, pour ainsi dire, l'adolescence du genre humain. Les Romains, Carthage, & la Grece nous la montrent ensuite dans la virilité ; c'est l'âge des opérations bien réfléchies & opérées par le mobile puissant d'une ambition démesurée ; tandis que l'Europe moderne offre plutôt le genre humain dans l'âge de la retenue, & quelquefois de la pusillanimité ; c'est-à-dire, dans l'âge du vieillard.

La politique Romaine, dans nos Empires modernes, se ressent effectivement du caractere prudent, modéré, plus circonspect & plus timide de la vieillesse : nos Monarchies eurent, il est vrai, des périodes d'activité, des âges à caractere, des siecles d'émigrations, qui ont engagé nos Peuples à des expéditions étrangeres & à des Croisades ;

mais où trouverons-nous, dans l'Europe moderne, cette force & cette constance de caractere qui a porté les Anciens Héros à conquérir des Nations, enchaîner des Peuples ? Quel Monarque moderne a pu aspirer à la conquête du monde ? Quelle Monarchie a eu pour principe d'anéantir ses voisins ? Quelle République a tenté d'assujettir l'Europe ? Quel Roi, quel Peuple a osé dire : *Aut César, aut nihil ?* Quels Héros, encore un coup, opposons-nous à Alexandre le Grand ?

De là nécessairement l'affoiblissement des passions humaines dans les Souverains & dans les Sujets : la puissance autrefois sembloit consister, dans les Monarchies, à disposer de la vie des hommes : les Souverains sembloient n'ambitionner que ce pouvoir absolu ; le droit de vie & de mort étoit exercé sur des esclaves, sur les enfans, sur des épouses chéries : mais dans nos institutions modernes, le pouvoir sanguinaire nous rebute ; il n'est aujourd'hui, en Europe, aucun Monarque qui ait un droit arbitraire sur la vie des hommes : une plus grande égalité réunit les Citoyens d'un Etat, parce que les passions y sont plus pacifiques ; la vengeance est plus subordonnée aux Lois, & toujours défendue aux Citoyens : nos Souverains se soumettent eux-mêms à la teneur des Lois, dans les plus justes châtimens que méritent les crimes de leurs Sujets ; & on a en horreur l'action de ce Roi qui tira sa propre épée pour égorger un Soldat coupable : enfin, tous nos Souverains ont établi des Juges, pour éloigner d'eux & la punition & l'effusion du sang humain, ne se réservant que l'auguste prérogative de pardonner le crime & de récompenser la vertu. Ces principes rendent les Rois moins redoutables ; mais ils les affermissent sur leur Trône, & leur concilient davantage les cœurs des Sujets. Des Souverains plus justes, plus pacifiques, plus amis de l'espece humaine, ont donc succédé à des Souverains Asiatiques, qui furent la terreur & le fléau de leurs Sujets.

Notre Religion, d'un autre côté, a appris à toute l'espece humaine, à respecter encore la vie & le sang des hommes; des sacrifices non sanglans & mystérieux ont pris la place des sacrifices sanguinaires des Anciens ; & la barbare coutume d'égorger des hommes pour appaiser les Dieux, est un objet d'exécration depuis dix-huit siecles.

L'espece humaine, en vieillissant, a donc perdu l'ancienne férocité de ses maximes.

Nos vices & nos vertus ont eu moins de caractere ; notre politique a été plus avisée & plus circonspecte ; la loi du plus fort a été moins active ; la loi du plus rusé, plus puissante ; nous avons employé les précautions du vieillard éclairé par l'expérience.

Après ces considérations générales, on voit combien l'étude de l'Antiquité, comparée aux temps modernes, peut être utile à la connoissance de l'esprit humain ; combien la Pilosophie, suivie selon ce plan, peut être fertile en conséquences lumineuses : cette méthode, je pense, présente l'ordre naturel des choses dans leur vraie progression ; & c'est celle que nous nous efforcerons de suivre dans le cours de cet Ouvrage.

Quant à la partie de notre entreprise qui concerne les Dessins, la Gravure, & les Peintures de nos Tableaux, la direction en est confiée à un homme connu par ses lumieres sur le bon style dans les Arts ; & par les connoissances qu'il a aquises sur leurs progrès.

Homère

HOMERE.

RÉCHERCHES SUR LA PERSONNE ET LES OUVRAGES D'HOMERE.

TANDIS que le pieux Numa formoit la Nation Romaine, & la préparoit, par de ſages inſtitutions, à de grandes choſes, vivoit en Orient l'immortel Homere, le Pere & le Prince des Poëtes de l'antiquité & des temps modernes.

Le premier, par des établiſſemens pieux, par des céremonies, & le culte des Dieux, adouciſſoit la férocité des Romains; & le ſecond apprenoit aux Grecs à connoître, à ſentir les beautés de la Nature; il préparoit même tous les hommes à goûter le merveilleux & le beau.

Suivant la plus commune opinion, Homere étoit Ionien; mais le lieu précis de ſa naiſſance ſera à jamais inconnu, puiſque ſept Villes de la Grece s'attribuoient l'honneur de lui avoir donné le jour.

Smyrna, Rhodos, Colophon, Salamis, Chios, Argos, Athena,
Orbis de patriâ certat, Homere, tuâ.

L'art du Poëte dans la deſcription des fleuves, des rivieres, des montagnes, & dans la topographie exacte qui regne dans ſes Poëſies; prouve que le pere de la Poëſie parcouroit la Grece récitant ſes Ouvrages. Quelques Erudits prétendent que, devenu âgé, il s'arrêta à Chio, y fonda une Chaire, s'attira des Diſciples par la beauté de ſes images, & leur apprit à chanter la Nature.

Divers Erudits s'étendent davantage sur les actions d'Homere ; ils assurent que ce Poëte eut pour mere Crithéis ; & pour Maître, Pronapide, Maître de Musique & de Belles-Lettres à Smyrne, qui épousa sa mere, devenue veuve, & adopta le Poëte pour son fils.

On raconte aussi qu'un Marchand, ayant été à Smyrne pour son commerce, ravi des Poësies d'Homere, l'emmena avec lui. Il parcourut la Grece, l'Asie mineure, la mer Méditerranée, l'Egypte, & d'autres Nations, chantant ses Vers, communiquant son enthousiasme pour la Poësie à tous les Peuples qu'il rencontroit dans sa route.

Arrivé à Cumes, il demanda d'être nourri aux dépens du trésor public; & au refus des Habitans, il partit pour Phocée, où il proféra cette imprécation contre l'insensibilité de la Ville qu'il quittoit: *Que jamais Cumes ne soit capable de produire un Poëte pour la célébrer.*

Quoi qu'il en soit, il est assez constant qu'Homere vécut pauvre, que le récit de ses Poësies contribua à sa subsistance, & qu'il parcourut la Grece, célébrant & chantant les Villes qui vouloient le recevoir, & inférant leurs louanges dans ses sublimes Poëmes. Il s'arrêta enfin à Chio, où il établit une Ecole; & on montre encore, à quatre lieues de cette Ville, la chaire du Maître & les siéges des Disciples, dans une grotte destinée à leurs entretiens.

La Grece, qui, dans la suite, fut si sensible à la beauté de ses chants, lui éleva des Statues & des Temples, comme aux Héros & aux Divinités. Alexandre ne faisoit aucune expédition sans porter avec lui un exemplaire de son Iliade; & quand il se couchoit, il plaçoit le Poëme à côté de son épée, & sous sa tête. Quand Alexandre eut enlevé les trésors de Darius & sa précieuse cassette, il la destina à renfermer les Ouvrages de ce Poëte divin. *Fortuné Héros*, dit-il en voyant le tombeau d'Achilles, *un Homere fut destiné à chanter tes exploits.* Un Officier Hollandois, au service de la Russie, découvrit à Nio, autrefois Ios, un tombeau qu'il prétendit avoir été celui d'Homere.

On conserve encore un buste qu'on dit représenter la véritable figure du Poëte Grec. Si ce portrait est effectivement celui d'Homere, il offre une téte & des formes analogues au caractere du Personnage; & j'observe à ce sujet, que la physionomie de presque tous les Heros, des hommes à grand caractere, & des plus grands Ecrivains, rend ordinairement au dehors le caractere particulier du personnage. Homere paroît, dans son portrait, d'une attitude ferme, inébranlable; & quoiqu'aveugle, il y a je ne sais quoi de divin & d'héroïque dans les traits de sa physionomie : tout cela est mêlé à une teinte de rusticité impétueuse, qui appartient au Chantre des mœurs héroïques, des mœurs simples des Orientaux dans l'âge d'Homere.

PENSÉES SUR LES OUVRAGES D'HOMERE.

HOMERE eſt véritablement le Pere de la Poëſie & le plus grand des Poëtes : avant lui, aucun mortel n'a apperçu la méthode de décrire & de chanter la Nature ; & après lui, perſonne ne l'a égalé.

Les Poëſies d'Homere ont donné le jour à une variété de Poëſies d'un autre genre : le Poëte Dramatique a puiſé, dans ſes Œuvres, l'art d'exciter la terreur & la pitié ; l'Elégiaque, celui de toucher ; le Lyrique, celui de tranſporter par la peinture des plaiſirs ; enfin, ſes deſcriptions ſublimes, ſes penſées fortes ont pu donner l'idée des Odes, dont le propre eſt d'élever l'ame, par des peintures ou des ſentimens nobles, au deſſus de la morale ou des ſentimens vulgaires.

Les Poëſies d'Homere, qui ont précédé tous les genres de Poëſie, doivent être ainſi conſidérées comme la réunion de toutes ſortes de tableaux repréſentant la Nature entiere avec la plus grande vérité. Il falloit qu'Homere eût un génie bien ſublime, pour embraſſer un ſi grand nombre d'objets ; il falloit que ſes ſenſations fuſſent bien variées, pour que le Poëte fût frappé par tant de tableaux, & qu'il eût en même temps un génie bien ſublime, pour exprimer naturellement tout ce qu'il avoit vu, jugé, ſenti ; tout ce qui avoit touché ſon ame, ému ſes paſſions.

Faut-il rendre le caractere colérique, ſi connu dans un ſiecle où les Sociétés, non encore policées, étoient formées de Citoyens ardens, vindicatifs, accoutumés à exercer eux-mêmes la juſtice ou à ſe venger des inſultes & des griefs ? Homere eſt vrai dans les portraits de cette paſſion : le caractere du colere & du vindicatif reſſort dans ſes Ouvrages avec toutes les nuances qui accompagnent ce tempérament. La flexibilité du génie d'Homere, qui fait dépeindre tant de variétés & de degrés dans un ſentiment, jointe en même temps à la fierté; la marche rapide de ſes mouvemens, prouve que le Poëte, non ſeulement menoit de front l'art d'obſerver la Nature dans toutes ſes faces, mais encore que le Poëte obſervateur étoit parvenu juſques au repli le plus caché du cœur humain.

Faut-il exprimer les différentes ſortes de douleurs de ſes perſonnages? il dépeint également la douleur cuiſante & active d'un Guerrier qui court à la vengeance; ou la douleur plaintive, douce, & tranquille de la femme ou du vieillard que la Nature abandonne: & s'il faut dépeindre cette chaleur de caractere qui appartient aux Citoyens d'un Etat conquérant non civiliſé; on voit le libre effort d'une ame que l'urbanité n'a pas amollie, pleine d'enthouſiaſme & de vérité, amie de la Nature, & éloignant d'elle la tergiverſation, les équivoques, & le menſonge, paſſions ſubalternes des Peuples foibles, chancelans, & qui ne connoiſſent plus la force pour ſoutien.

Enfin, Homere a dépeint les grandes paſſions, les caracteres ſupérieurs de la Société & des Empires, l'emportement, l'orgueil, le courage héroïque & entreprenant, & tout ce qui forme les grands Généraux.

Faut-il repréſenter les plus grands phénomenes de la Nature? Homere en développe toute la magnificence. Une aurore, un ſoleil levant, tous les phénomenes de l'Aſtre du jour couchant ou renaiſſant, frappent l'ame du Lecteur, comme l'image qu'ils repréſentent.

Ce grand Poëte ayant épuiſé la matiere en dépeignant le premier la Nature entiere, c'eſt-à-dire, tout ce qu'elle préſente de grand, de beau, d'impoſant, de pittoreſque, d'effrayant, &c.; ayant ſuivi la marche des Héros & les premiers caracteres de la Société, on ne trouve, dans les Poëtes plus récens, que des imitateurs. Virgile, parmi ceux-ci, eſt le Poëte qui a approché le plus du Poëte Grec.

Dans le Poëte de Rome, on trouve des Héros plus humains & moins ruſtiques que ceux d'Homere; parce que la Société avoit fait des progrès dans cette partie de la civiliſation qui adoucit les mœurs des hommes; l'art, dans le Poëte Romain, eſt auſſi plus perfectionné, & dans le Grec, plus original. Virgile a une morale plus humaine, plus conforme à notre âge; & celle d'Homere, écrite dans des temps ſupérieurs, eſt plus fiere dans ſes maximes, plus naturelle, moins factice. Homere n'a pas eu de modeles; & Virgile avoit devant ſes yeux le plus grand des Maîtres dans l'art de peindre & d'ordonner ſes tableaux: celui-ci n'avoit qu'à imiter; le premier devoit inventer & voler de ſes propres aîles. Il y a dans l'Iliade des fautes de goût encore non épuré; & dans l'Enéide moins de talens naturels. Homere, s'il vivoit, éviteroit ſes fautes; & ſi Virgile avoit écrit à la place d'Homere, il n'auroit peut-être pas conçu tout le plan de l'Iliade. Il y a plus de graces & de facilité dans Virgile; mais plus de vivacité, d'originalité, & d'énergie dans Homere.

L'ame domine dans le Poëme du Grec, l'eſprit dans le Romain; & cependant l'un & l'autre Ouvrages ſont des Ouvrages de génie. Virgile doit plaire aux femmes plus qu'aux hommes; & le contraire doit arriver aux Ouvrages d'Homere. Dans les Etats militaires, Homere doit être un Dieu; Virgile eſt plus recherché dans les Nations artiſtes, paiſibles, & entierement policées. Pour bien commencer

Virgile, il faut connoître la Nature, les hommes, & les femmes: pour commenter Homere, il faut voir la Nature, & connoître fur-tout les Militaires.

Une longue fuite de fiecles écoulés depuis que le Poëte Grec chantoit fes Vers, a rendu plus difficile la lecture de fes Poëfies. De là tant de Commentaires françois, allemands, latins, & de diverfes autres Langues. M. Guys, Négociant Provençal, qui, Homere à la main, a parcouru les lieux que le Poëte a célébrés, avoue que la Nature eft encore le meilleur Commentaire d'Homere: il a reconnu, dans la Grece, des mœurs & des ufages qui s'y confervent depuis l'âge même d'Homere; tandis que l'état de la Nature s'y trouve encore avec les mêmes accidens. M. Guys prouve ainfi que le Poëte Grec a rendu, avec la plus grande fidélité, tous les objets qu'il avoit obfervés dans la Nature elle-même.

Le fidele Traducteur d'Homere, M. Bitaubé, qui a rendu dans notre Langue fes beautés les plus détaillées, obferve, à ce fujet, que cette finguliere exactitude n'a pu refroidir le génie du Poëte, dont les images fe preffent & fe fuccedent fans difcontinuer, comme les flots de la mer lorfqu'ils roulent vers le rivage. Homere connoît l'art de vous tranfporter, à fon gré, de la Terre jufques dans l'Olympe, & de vous rendre fpectateur d'un combat, en vous infpirant de l'effroi. Il y a des Poëtes, continue M. Bitaubé, qui font de froids Hiftoriens: mais Homere, l'Hiftorien de la Nature entiere, eft le plus grand des Poëtes.

Ce caractere de génie, qui peut ainfi s'aftreindre à peindre les objets, fans fe livrer à fon imagination & paffer à des beautés fuppofées, appartient, je crois, au fuprême degré à Homere. Ce grand Obfervateur n'avoit pas beſoin de chanter ce qu'il ne voyoit pas, parce qu'il voyoit tout ce qui étoit expoſé à ſes regards; & comme il avoit la vue fine & perçante de l'aigle, comme ſon génie réuniſſoit une infinité de choſes à la fois; il vit tout ce qu'il falloit voir & tout ce qu'il pouvoit voir dans la Nature; tout ce qui étoit poëtique enfin & pouvoit charmer les hommes.

Voilà pourquoi Homere eſt ſublime, même dans la Poëſie deſcriptive.

Desrais del. le Cœur Sculp.

Augure.

AUGURE

ROMAIN.

ESSAIS sur la Religion des anciens Romains, sur les Sacerdoces de l'Empire, & sur la décadence du Paganisme à l'époque de l'établissement de la Religion Chrétienne.

QUOIQUE *Numa ait introduit à Rome quelques superstitions*, dit Tertulien (1), *de son temps néanmoins on servoit les Dieux à Rome sans Temples & sans simulacres; la Religion étoit dénuée de pompe, & le culte étoit encore sans faste. Le Capitole ne s'élevoit pas jusques au Ciel, & on ne voyoit que des autels de gazon, dressés à la hâte. Les vases étoient de simple terre cuite, & les sacrifices se faisoient sans emphase.*

L'érudit Varron croit aussi que les Romains resterent près de cent soixante & dix ans avant de représenter les Dieux sous une forme matérielle. Numa lui-même, quoiqu'il établît un culte tout payen, leur enseigna que *Dieu est un Etre infini, invisible, immatériel, qu'on ne doit pas représenter sous des formes corporelles* (2).

Avant le regne de Numa, les Romains offroient, comme les Gaulois & autres Peuples contemporains, des hommes en sacrifices à leurs Divinités: ce Roi, pour adoucir leur férocité, épura leurs idées à ce sujet; il abolit même les sacrifices sanglans des animaux, selon le

(1) Tert. Apologet. c. 25.

(2) Plutarque sur Numa, page 65. B.

témoignage de Plutarque; il ordonna des offrandes de gâteaux de farine rôtie, de sel, de fruits, de vin, & de lait, à la place des sacrifices sanglans.

Mais sous Tarquin l'Ancien la Religion changea bien de face. On adora les Dieux des Grecs; on introduisit leurs cultes & leurs sacrifices sanglans. Cette nouvelle Religion, mélangée du Grec & de l'Etrusque, fit de grands progrès; & Rome adopta peu à peu toutes les cérémonies & toutes les Divinités étrangeres. Les Grands, qui étoient en possession des Sacerdoces, reconnurent tous les Dieux; & pour enchaîner, par une plus grande variété de moyens, l'esprit remuant, inquiet, & querelleur des premiers Romains, ils firent semblant de reconnoître comme de vrais Dieux, toutes les Divinités, ou factices ou adoptées, qu'ils appelerent à Rome.

A force de changer ou de multiplier les rits, la Religion ne fut plus connoissable. Un particulier, en l'an de Rome 572, ayant trouvé dans son champ deux coffres remplis de livres sur la doctrine de Numa, le Sénat ordonna que ces livres seroient brûlés; c'est que les Grands & les Sénateurs redoutoient l'examen des nouveaux rits, & que les Prêtres persuadoient le Peuple que leur institution remontoit à la fondation même de Rome, ou au moins jusqu'au regne de Numa. On vouloit conserver au Peuple, des coutumes, des sacrifices, & des usages qui l'éblouissoient, qui retenoient son imagination active & entreprenante: & ces mysteres affectés, ces oracles obscurs, dont les Grands étoient les seuls Interprêtes, ces Divinations & ces Augures servoient merveilleusement les Successeurs de Numa, & même les Grands de la République: cet art étoit peut-être même nécessaire pour contenir un Peuple féroce, accoutumé à des entreprises hardies & téméraires.

La Ville de Rome devint ainsi, peu à peu, le rendez-vous de tous les Dieux imaginaires du Monde. *Il est plus facile de trouver un Dieu à Rome qu'un bon Citoyen*, disoit Pétrone, quand les Romains eurent perdu toute leur vertu & leur premier caractere.

Tout étoit Dieu effectivement chez ce Peuple; car non seulement ils venoient d'admettre les douze grandes Divinités des Grecs, Jupiter, Junon, Vénus, & les autres; mais encore on divinisa la Ville de Rome, le Peuple, le Sénat, &c. La folie des Romains & leur orgueil furent si excessifs, que le Sénat & la Ville s'érigerent des Temples à eux-mêmes; la Paix, la Liberté, la Victoire, les Vertus humaines obtinrent aussi des titres semblables; &, ce qui est bien plus horrible, les Vices, la Volupté, la Fievre, la Tempête, tous ces objets & une infinité d'autres obtinrent l'apothéose.

De cette multiplication de Dieux, suivit la nécessité de multiplier les Prêtres. Sous les Rois, les seuls Patriciens étoient admis aux principaux Sacerdoces; & le Roi lui-même étoit le premier Ministre de la Religion. Quand on eut aboli la Royauté, on conserva encore ce *Roi des Sacrifices*, dont l'épouse étoit Prêtresse; & pour que ce titre n'élevât point trop celui qui en étoit revêtu, la République eut soin de le renfermer dans l'exercice de son Sacerdoce, soit en l'excluant des autres dignités, soit en le déclarant dépendant de la République pour les autres objets de la vie civile.

L'intendance générale des affaires religieuses fut donnée ensuite au Grand Pontife, qui présidoit, & sur les quatre Pontifes établis par Numa, & en 453, sur les quatre nouveaux qui furent institués pour satisfaire le Peuple, & qu'on tira de l'Ordre des Plébéïens. Ce Collége de Pontifes nommoit lui-même aux places vacantes, jusques en l'an 649, que Cn. Domitius, irrité de ce que les Pontifes ne l'avoient pas nommé à une place vacante par la mort de son pere, se plaignit au Peuple, qui s'appropria le droit des élections aux dignités pontificales, jusqu'à ce que Sylla le rendit au Collége, en augmentant le nombre des Pontifes jusqu'à seize. Jules César néanmoins fut encore élu Pontife, & ensuite Souverain Pontife par le Peuple assemblé ; dignités dont cet Empereur avoit besoin pour rendre sa personne sacrée & faire pardonner son ambition : César, une fois revêtu de cette dignité suprême, quitta son Palais pour habiter celui qui étoit attaché à sa nouvelle Charge.

Le Grand Pontife étoit indépendant du Peuple & du Sénat pour les objets relatifs au culte religieux ; son autorité s'étendoit sur les autres Ministres sacrés & sur les Vestales : cependant il arriva souvent, surtout pendant que la République étoit dirigée par les mœurs & l'austérité primitives, plutôt que par ses lois, qu'on appela pour le jugement des choses sacrées, au Peuple même, afin qu'il en jugeât en dernier ressort.

Les Pontifes avoient encore la charge de présider au Calendrier, d'indiquer les Fêtes, & d'*intercaler ;* car l'année n'étant, à Rome, que de 354 jours, il restoit à la fin onze jours, dont on faisoit de temps en temps un mois entier, que les Pontifes plaçoient entre les mois de Février & de Mars, afin de faire tomber les saisons dans les mêmes parties de l'année. César rémédia à cet inconvénient, & régla l'année à peu près comme nous la trouvons.

LES AUGURES.

Les Augures jouissoient, dans la République, d'une autorité égale à celle des Pontifes; & si ceux-ci dominoient sur l'esprit du Peuple, par l'ordre, le cérémonial, & la hiérarchie, les Augures enchaînoient son imagination par leurs prédictions, leur contemplation des astres, & les déclarations subséquentes. Le Peuple, ainsi trompé, avoit recours à eux avant de prendre quelque grande résolution sur les affaires publiques; &, suivant qu'ils étoient bien ou mal disposés, ces illustres imposteurs décidoient hardiment des signes favorables ou contraires. Quand leur intérêt n'étoit pas le même que l'intérêt de l'Etat, les Augures arrêtoient une expédition, faisoient poser les armes, & se servoient du *mystere* & de l'*équivoque*, qui ont si souvent trompé les hommes. L'impie Tarquin ne connut pas d'autres moyens que de s'attacher les Augures, pour faire adopter ses opérations.

Ces Augures, au commencement, furent établis au nombre de trois: Servius Tullius en ajouta un quatrieme, & en 453, les Plébéïens obtinrent qu'on en éliroit cinq de leur état. Sylla en ajouta six, qui élisoient eux-mêmes les Candidats pour remplir les places vacantes, jusqu'en 651, que Cn. Domitius transféra au Peuple le droit d'élection, sur la présentation du Collége Sacerdotal.

Ces imposteurs sacrés fondoient leurs prédictions de l'avenir sur le vol & le chant des oiseaux: vêtus d'une robe de pourpre, le bâton augural à la main, & d'un extérieur mystérieux ou enthousiasmé, ils observoient les éclairs, le tonnerre, la foudre, & ordonnoient tels ou tels sacrifices: ils étudioient encore l'avidité des poulets en mangeant, ou même leur défaut d'appétit, pour prononcer un jugement; car ils tiroient parti de tout.

Ainsi fut trompé, pendant sept à huit siecles, le plus sage des Peuples; mais ce qui surprend encore davantage, c'est de voir que pendant cette longue suite de siecles il ne s'éleva aucun Pontife, aucun Augure qui découvrît des impostures aussi ignominieuses pour l'espece humaine. On vit paroître à Rome un Brutus; & le Collége des Augures n'eut pas un seul partisan de la vérité qui osât la dévoiler. Mais tel est le pouvoir de la superstition; elle étouffe les sentimens de patriotisme, le cri de la Nature, & rompt les liens du sang.

LES ARUSPICES.

CE qui pouvoit dessiller les yeux des Romains, c'étoit la fourberie non équivoque des Aruspices, Prêtres inférieurs, par le ministere desquels tout Citoyen, moyennant quelque peu d'argent, pouvoit se faire prédire l'avenir. Il y avoit donc à Rome des imposteurs pour les affaires générales de la République, & des imposteurs subalternes pour les affaires privées : tous les Devins disoient connoître, par certains signes, si les Dieux étoient favorables ou contraires à quelque expédition; ils observoient la flamme, la fumée, & en conjecturoient des présages.

LES QUINDECIMVIRES.

D'AUTRES Prêtres, d'un ordre encore inférieur, étoient employés à la garde des Livres des Sibylles, qu'aucun profane ne pouvoit lire : par Arrêt seulement du Sénat, il leur étoit permis à eux-mêmes, ou prescrit, de lire dans ces Livres sacrés : on les ouvroit dans des temps de calamité publique; on y trouvoit les destins de la Ville de

Rome ou de l'Etat; & le Sénat députoit même des Membres de ſon Corps, pour y lire, conjointement avec les Prêtres, les myſteres ſacrés. Les Députés faiſoient leur rapport; & cette auguſte Compagnie, ce Sénat incorruptible ne rougiſſoit pas d'être le complice, en quelque ſorte, de la fourberie Sacerdotale; il ne rendoit lui-même au Peuple que ce qu'il jugeoit à propos.

Le ſort du Peuple Romain fut donc d'être trompé, dans tous les temps, par tous les Ordres de l'Etat; & lors même que les nouvelles inſtitutions établirent que les Sacerdoces ſeroient remplis par les Plébéïens, ces Plébéïens devinrent encore les fauteurs de la fourberie ſacrée.

LES FÉCIALES.

PARMI tant de menſonges & d'impiétés, on trouve le Sacerdoce des Féciales formé d'un Collége de Prêtres ſubalternes, qui auroient dû commander les autres. Les Féciales devoient examiner le droit public dans les déclarations de guerre. Vingt perſonnes, tirées des premieres familles Romaines, établies par le ſage Numa, formoient une Compagnie pour ce ſujet. Quand Rome vouloit attaquer une Nation voiſine, un des *Féciales* partoit; & s'il n'obtenoit juſtice, trente jours après il partoit encore, & déclaroit la guerre en lançant un javelot enſanglanté dans les terres de l'ennemi. Dans un traité de paix, le Féciale la juroit au nom des Romains, & il prononçoit ces paroles: *Si le Peuple Romain viole le premier les conditions de ce traité,* GRAND JUPITER, *frappe-le comme je frappe ce porc.*

On ne finiroit pas, ſi on vouloit donner une hiſtoire détaillée de tous les Colléges de Prêtres Romains; mais une remarque générale qu'il eſt bon de faire en finiſſant, c'eſt que tout Prêtre, pour être élu, devoit être ſain de corps. Un valeureux Romain, bleſſé à l'armée, ne pouvoit être élu; & ce qu'il y a de remarquable, c'eſt qu'un Collége ne pouvoit admettre un Candidat au Sacerdoce, s'il étoit l'ennemi de quelque Prêtre du Corps: tant l'union étoit néceſſaire dans l'art de tromper les hommes!

Le Peuple Romain, ce qui eſt bien étonnant, conſerva, malgré ſon profond reſpect pour le Sacerdoce, ſon pouvoir ſouverain ſur les choſes ſacrées & ſur les Miniſtres : on n'adoptoit aucune Divinité étrangere & nouvelle, ſans l'aveu du Peuple; il décidoit en dernier reſſort & en Souverain des conteſtations ſacrées: ainſi, il étoit en même temps trompé, & maître de ceux qui le trompoient. Quel art pour cette pratique! & quel petit manége dans un Peuple qui avoit tant de caractere! quelle hypocriſie dans Tarquin l'Ancien, inventeur de ces myſtérieuſes ſuperſtitions; & dans les Patriciens, qui s'en ſervirent enſuite avec tant de ſuccès!

Quant aux Livres *Sibyllins*, ils contenoient des eſpeces de prophéties imaginées par quelque ingénieux Légiſlateur : le grand art de leur Auteur étoit de perſuader que Rome ne ſe conſervoit point par ſa propre ſageſſe, ni par le caractere belliqueux de ſes Soldats; mais que des Divinités inviſibles préſidoient aux affaires publiques. Le Sénat lui-même favoriſoit cette croyance religieuſe, & perſuadoit que le *GRAND JUPITER* & les Divinités tutélaires guidoient la République.

Mais à la fin, il arriva un temps, à Rome, où une partie de tant de ſupercheries fut découverte. Quand le reſpect pour les opinions publiques le céda à l'intérêt perſonnel, & que les ambitieux ſe furent ſervis

servis de ces objets sacrés pour parvenir à leurs fins, l'âge de l'impiété succéda à celui de la crédulité : l'ancienne dévotion disparut; & à force de reconnoître des Dieux étrangers, le Peuple, qui adoptoit tant de Dieux & qui leur donnoit du relief en les élevant jusqu'à Rome, finit par ne plus croire à la Divinité. Dès le septieme siecle de Rome, la Religion ne fut plus qu'un objet d'appareil, un vain cérémonial, auquel on ne fut attaché que par bienséance; l'affection du cœur se porta à d'autres objets. Les Pontifes & les Prêtres, moins respectés, oublierent leurs devoirs, & on ne craignit ni les Dieux, ni leurs punitions. Cette corruption étoit générale, quand tout à coup la Religion Chrétienne s'introduisit à Rome, établit un nouvel ordre de choses, & substitua à des Divinités imaginaires, le culte d'un seul Dieu.

Mais si l'Etre suprême dirige les événemens moraux, comme il dirige les événemens physiques de l'Univers, dont il a établi les lois; c'est dans sa sagesse même qu'il conçut le plus grand des événemens, celui de la fondation du Christianisme. Cette révolution donna une nouvelle forme aux affaires de ce monde, changea la morale & les préjugés de l'Empire.

Quand Jésus parut sur la Terre, Rome n'étoit plus d'ailleurs attachée à sa primitive simplicité, à ses mœurs austeres; on vit cependant s'élever des Chrétiens qui mépriserent les richesses & les plaisirs, & pratiquerent les antiques vertus. Tout étoit ambition à Rome, quand Pierre vint y prêcher le mépris de l'ambition & l'amour des souffrances. Pendant quatre siecles les Chrétiens pratiquerent parfaitement toutes les vertus qu'ils enseignoient aux Romains. Ce qui étoit en honneur auparavant chez les Payens, fut appelé vice par les Disciples du

Fondateur du Chriſtianiſme. L'inſatiable avidité pour les richeſſes, qui caractériſoit le Citoyen Romain, eut, pour contraſte, l'abnégation des Fideles & la communauté de leurs biens. L'hiſtoire des hommes n'offrit jamais un ſpectacle plus impoſant que cet âge primitif de la Religion, & la vie toute ſainte des Chrétiens dans Rome perdue de vice.

Auſſi, quand la Religion Chrétienne eut prévalu, & que Conſtantin eut fait triompher les Chrétiens, les folies du Paganiſme tomberent tout à coup; & ſous Théodoſe, les Sacerdoces anciens furent ruinés; parce que le Peuple éclairé reconnut la fraude, & que la Providence avoit établi une autre ſuite d'événemens pour le bonheur de l'eſpece humaine.

Attaché à la Religion Chrétienne, Théodoſe, & après lui ſes enfans, porterent le dernier coup deſtructeur au Sacerdoce des Payens, en confiſquant tous leurs revenus. Dans une conſtitution impériale, Théodoſe & Honorius ajouterent à leur Domaine, les fonds publics qui étoient deſtinés à l'entretien des Sacrifices, & aſſurerent à la nouvelle Egliſe la poſſeſſion des biens, qu'on leur avoit adjugée pour la ſubſiſtance des Prêtres.

Cette courte analyſe de la Religion Romaine montre combien l'imagination étoit exaltée, & combien des formes extérieures ſuffiſoient à un Peuple ravi du merveilleux. L'eſprit humain alors n'avoit pas encore développé les vérités phyſiques, philoſophiques, & morales, ſi néceſſaires pour démaſquer l'erreur, dévoiler l'impoſture: & comme l'imagination ne peut ſuppléer aux lumieres, & qu'elle ſe nourrit au contraire de preſtiges & de la ſeule repréſentation de la vérité, il ne faut pas être ſurpris ſi un Peuple, d'ailleurs ſi ſage, s'eſt laiſſé ſurcharger ſi long-temps du joug d'une Religion ſi idéale & ſi féconde en brillantes impoſtures.

Il reſte à conſidérer, en finiſſant, pourquoi les Romains, ſi hardis, ſi remuans, ſi diſpoſés à ſoutenir, par le fer & le feu, dans leurs diſſentions domeſtiques, un avis particulier, ne connurent jamais les querelles dogmatiques & religieuſes; tandis que les places publiques, les portiques, & les bains de la Grece retentiſſoient de clameurs philoſophiques ſur le culte religieux & l'immortalité de l'ame.

C'eſt, comme le dit Cicéron, parce que les deux Puiſſances, politique & religieuſe, furent perpétuellement intéreſſées à ſe ſoutenir réciproquement, parce qu'il y eut une ligue des deux Pouvoirs réunis contre le Peuple crédule, mais agité & intrigant. On commandoit à Rome de croire & d'honorer les Dieux, comme on commandoit d'aller à l'ennemi. Quand il s'élevoit quelque Divinité étrangere, ſi elle s'accréditoit, au lieu de l'éloigner, on l'adoptoit parmi celles de la République, crainte d'une ſciſſion dans l'Etat.

On ne connoît guere que la Religion & le Dieu des Chrétiens qu'on ait perſécuté à Rome. Jéſus-Chriſt, ſi humain dans ſa morale, ſi ſublime dans ſes dogmes, y eût été adoré, & on lui eût élevé des Temples ſans obſtacles, ſi les maximes chrétiennes avoient permis aux Partiſans de la Croix de tolérer le culte de Saturne, de Vénus, de Jupiter, &c.

D'ailleurs le Sacerdoce Romain étoit perpétuellement ſur ſes gardes au ſujet des innovations religieuſes, qui pouvoient occaſionner des conteſtations. Tout acte religieux & nouveau étoit porté au Sénat & au Peuple; & quand les deux Corps avoient ordonné quelque cérémonie religieuſe, le Pontife devoit obéir. Le Peuple, reſpectueux envers ſa Religion, adoroit, pour ainſi dire, ſon propre ouvrage; il étoit pénétré de reſpect pour un objet ſacré, qui lui étoit en quelque forte fubordonné par la loi, quoique fupérieur par lui-même. Quand le Peuple étoit abattu, découragé par quelque défaite, ou par un malheur public, on redoubloit les facrifices & les prieres publiques; on l'affuroit que ces malheurs ne venoient que de l'indifférence des Romains pour les Dieux; & ce Peuple, dévot & crédule, adoroit encore en tremblant les Arrêts du Ciel; & au lieu d'attribuer à l'incapacité d'un Général la perte d'une Ville ou d'une armée, il fe laiffoit perfuader que fes Dieux étoient irrités contre lui.

La tranquillité fur les affaires religieufes dans une Nation turbulente, tenoit à toutes ces caufes éloignées & prochaines; & les Romains, naturellement bouillans, furent heureux d'ignorer les dangereufes difcuffions des dogmes.

Amazone

LES AMAZONES.

ON a vu, dans l'Hiſtoire des Femmes Spartiates, qu'il faut paſſer en eſprit dans l'Hiſtoire primitive des hommes, pour reconnoître les vertus dont les femmes ſont capables. Comme les Empires & l'eſpece humaine elle-même ſemblent vieillir à meſure que les ſiecles s'écoulent, le ſexe ſe reſſent de la foibleſſe du tempérament, pour ainſi dire, des générations modernes. Dans nos ſiecles ultérieurs, on ne voit des Empires & des Républiques s'élever, que par les ſuites des opérations politiques; on ne trouve plus de Peuples conquérans depuis plus de quinze ſiecles : les Nations, quand elles ſont en guerre, ſont bientôt fatiguées & exténuées de cet état, qui eſt pour elles un état violent; & les femmes, éloignées de toute expédition, vivent ignorées & paiſibles dans le ſein du plaiſir & dans le centre de leurs foyers.

Notre Hiſtoire moderne nous préſente, il eſt vrai, les regnes des deux Catherines en Ruſſie, & celui d'Eliſabeth en Angleterre : mais dans ces Héroïnes modernes, on ſait qu'il ne falloit que *vouloir* pour agir; tandis que, dans les anciennes Monarchies, il falloit *agir* pour parvenir à quelque but.

Dans l'Aſie ancienne, & même à Rome, les femmes participoient aux entrepriſes, aux expéditions nationales. C'eſt ici l'âge de la vigueur du ſexe. Il ne manquoit à ſon honneur que la gloire de fonder un Empire; & le ſexe ſut exécuter une fois cette grande entrepriſe, ſous le regne de Séſoſtris. Ainſi, tandis que Séſoſtris, Roi d'Egypte étendoit les bornes de ſon Empire, une Nation de femmes fondoit celui des Amazones.

Dans l'Hiſtoire de ces Héroïnes, on rencontre deux écueils à éviter. Il faut prendre garde, d'un côté, à ne pas adopter les anecdotes fabuleuſes qu'on raconte; d'un autre, il ne faut pas les rejeter ſans diſtinction. Nous marcherons donc entre ces deux extrêmes; & notre Hiſtoire des Amazones ne contiendra que les faits les plus avérés.

Ce n'eſt point un eſprit de conquête qui occaſionna l'établiſſement de l'Empire des Amazones : cette paſſion & l'ambition de régner ſur l'eſpece humaine, appartiennent davantage à l'homme. La femme, au contraire, plus ſenſible aux jouiſſances paiſibles & domeſtiques, ſe contente des plaiſirs moins bruyans de la vie privée.

Le ſeul amour conjugal fonda l'Empire des Amazones, & donna une fois dans le Monde, l'exemple mémorable de ce que peut le ſexe amant & irrité. Cet événement arriva de cette ſorte ſous le regne de Séſoſtris, Roi d'Egypte.

Deux jeunes Scythes, Hylinos & Scolopitas, forcés de céder à un ennemi plus puiſſant, s'étant enfuis avec leurs femmes & leurs enfans dans la Cappadoce, emmenerent avec eux une jeuneſſe valeureuſe, portée à des expéditions militaires & dominée par la paſſion de la gloire. Ils s'emparent du pays de Thermociric, ſitué ſur le Thermodon; ils harcelent les habitans de cette contrée, enlevent les fruits de leurs terres, juſqu'à ce que cet ancien Peuple, déſeſpéré de ſe voir réduit en ſervitude, extermine les Conquérans par un ſtratagême. Dans une ſeule nuit tous les Scythes furent mis à mort.

L'amour conjugal enflamme de colere les vertueuſes épouſes de ces Soldats infortunés: la vue de leurs maris maſſacrés leur fait prendre les armes; & la crainte d'un honteux eſclavage les fortifie dans le deſſein de venger la perfidie des Thermociriens. Les deux femmes le plus courageuſes, Marthéſie & Lampédo, ſont déjà à la tête de l'armée, toute formée des femmes qui avoient été épargnées dans le maſſacre de leurs époux; & ce Corps, redoutable par ſa fureur, ne reſpirant que le ſang & le carnage, s'avance fierement vers les meurtriers, attaque inopinément ce Peuple lâche, le met en déroute, & l'oblige à demander la paix.

Des femmes victorieuſes éprouverent, pour la premiere fois, le ſentiment de la gloire militaire : la jouiſſance de la victoire & l'empire ſur un ennemi vaincu leur donnerent l'idée d'établir un Empire : la premiere opération politique fut d'impoſer des lois au Peuple lâche qui avoit aſſaſſiné leurs époux, & qu'elles avoient réduit juſqu'à demander miſéricorde.

« Vous n'êtes plus capables, dit le Chef des Héroïnes, de conduire » votre Empire : on ne trouve dans vos opérations politiques qu'un » Peuple efféminé & perdu, réduit, pour ſe défendre, à des ſtratagêmes & à toutes les reſſources des lâches. Hommes dégénérés ! » la Nature vous avoit donné l'empire ſur notre ſexe; vous venez de » le perdre par le meurtre de nos époux, que vous n'avez point ſu » combattre; & le courage d'une armée de femmes qui ont vengé vos » meurtres affreux, vient imprimer ſur vos fronts des traits d'ignominie & d'eſclavage.

» Pour nous maintenir nous-mêmes dans notre ſupériorité, nous » avons renoncé aux plaiſirs domeſtiques; nous voulons conſerver la » vigueur de notre ame & toute l'étendue de notre liberté : nous vous » abandonnons tous les plaiſirs d'une vie inactive; mais nous gardons » nos glaives, notre pouvoir, pour défendre l'Empire que nous venons » de fonder : nous renonçons toutes enſembles à la volupté & aux

» délices d'une vie ſédentaire. Nous n'exigeons, dans votre ſervi-
» tude, qu'un hommage pendant un mois de l'année : vous ſerez ad-
» mis parmi nous; & ne conſervant du fruit de notre commerce que
» les ſeuls enfans de notre ſexe, nous perpétuerons, par une éduca-
» tion auſtere & martiale, l'Empire féminin que nous établiſſons,
» vous abandonnant les enfans mâles, afin de perpétuer un Peuple de
» maris, que nous éloignerons toujours de nos opérations politi-
» ques & guerrieres ».

Ce traité de paix devint la conſtitution fondamentale du nouvel Etat; les filles qui naquirent des liaiſons des femmes victorieuſes avec les ſoldats vaincus, ſuivirent le même genre de vie que leurs meres : on leur coupa la mamelle droite, afin qu'elles puſſent bander l'arc avec plus de force & de dextérité, d'où leur vint le nom d'*Amazones*. Les mâles nouveaux nés, ſelon Hérodote, étoient envoyés à l'ennemi vaincu, afin de perpétuer le commerce annuel avec les Amazones & la race des mâles.

L'Empire féminin ſe diſtingua bientôt par la valeur de ſes ſoldats. On vit Hypolite & Ménalippe, à la tête de l'armée, défier Hercule & Théſée, qui les battirent avec beaucoup de difficulté. On vit Penthéſilée, Reine des Amazones, courir au ſecours de Priam, Roi de Troyes, à la tête d'une armée. Dans ſes expéditions, elle inventa la hache d'armes, & ne ſuccomba ſous les coups de Pyrrhus, fils d'Achilles, qu'après la plus vigoureuſe défenſe.

Le nouvel Etat des Amazones conçut enſuite le projet de fonder des Colonies; c'eſt-à-dire, qu'il eut l'ambition des Peuples puiſſans, civiliſés, & jaloux de la gloire. Les paſſions mêmes de ſes Reines avoient quelque choſe de grand, qui diſtinguoit le Chef d'un Etat auſſi belliqueux. On connoît les amours de Thaleſtris, la derniere des Reines Amazones, avec Alexandre le Grand.

Ce Conquérant, qui avoit rempli la terre d'admiration & de terreur, s'étoit attiré les regards de cette Souveraine ; on la vit, à la tête de trois cents femmes, dit Quinte-Curce, ſortir de ſes Etats & s'approcher du camp d'Alexandre.

Averti d'un ſemblable voyage, le Roi fit ſavoir à Thaleſtris qu'il la recevroit avec tous les honneurs qui lui étoient dus ; & après les cérémonies de l'entrevue, elle avoua ingénument qu'elle étoit venue pour obtenir de lui des enfans dignes d'hériter de l'Empire des Amazones. *Si notre union produit des filles*, ajouta-t-elle, *nous les garderons ; & la ſucceſſion de nos Etats leur ſera dévolue : mais s'il naît un garçon, nous le rendrons à ſon pere.*

Cette déclaration de la Reine des Amazones confirme le ſentiment des Auteurs anciens, qui prétendent que les Amazones, au lieu de maſſacrer leurs enfans mâles au berceau, les renvoyoient à leurs peres. Ce ſentiment eſt plus probable que celui des autres Ecrivains, qui attribuent tant de meurtres à une Nation entiere de femmes, parmi leſquelles il y en avoit aſſurément de ſenſibles.

Soldat Romain 9.

SOLDAT ROMAIN.

LE Philosophe & le Politique admirent dans un Etat la force des mœurs aufteres & du courage des Citoyens. La célébrité & l'agrandiffement de tous les Empires en tirent leur fource.

C'eft à des mœurs fimples & guerrieres que l'ancienne Rome doit toute fa fplendeur. Sa politique, dans fes âges primitifs, n'étoit ni verfatile, ni rufée, ni foible ou changeante, felon les circonftances; ce caractere n'appartient qu'à des Peuples avilis & déjà affoiblis par le vice, par le luxe, & par des mœurs dépravées.

Les Milices Romaines étoient commandées, dans leurs expéditions, plutôt par l'amour de la Patrie, que par les ordres de leurs Chefs. Ni les récompenfes, ni le butin ne pouvoient être les mobiles de leurs entreprifes; l'ambition d'humilier un voifin & de l'affervir à la République, faifoit tout ofer : une couronne de laurier contentoit plus de tels Citoyens, qu'une récompenfe en argent. Le butin étoit mis en commun, au commencement de la République, & diftribué après la victoire; & le Soldat juroit de ne rien détourner à fon profit.

Avec un tel caractere, le Romain, animé de l'amour de la Patrie, devoit en augmenter néceffairement la confidération. *Le nom Romain* fut bientôt refpecté & redouté au dehors; c'eft qu'on ne faifoit jamais la paix, à Rome, qu'en vainqueur. Il falloit recommencer une autre guerre, quand la derniere n'avoit pas été favorable. *Périr ou triompher*, tel étoit le but des Romains,

Le territoire de la République s'agrandit infenfiblement, & prefque toujours en jetant l'ennemi dans la confternation. Le Soldat Romain s'accoutuma à cette fupériorité fur un grand nombre de Peuples voisins; il confondit l'amour de la Patrie, le désir de la défendre, avec l'amour personnel; & ces vertus préparerent de loin la conquête du Monde.

Peu à peu le Toscan amolli, les Tarentins inactifs & paresseux, les Capouans efféminés, la Campanie, & la grande Grece succomberent sous le fer des armées Romaines. Les Volsques & les Eques, les Latins & les Sabins, plus valeureux, ne purent résister à l'opiniâtreté d'un tel Peuple. Peu à peu il enchaîna les principales Nations du Monde.

Cette opiniâtreté avoit mis au jour l'art de la guerre; toutes les ressources furent employées, de même que toutes les forces, pour le perfectionner. Un Dieu, dit Vegece, inspira la Légion aux Romains.

Il fallut que ce Peuple, pour obtenir à la guerre une supériorité assurée sur tous les Peuples du Monde, eût des armes plus destructives & plus pesantes; & pour s'en servir avec succès, on s'exerça, par des travaux pénibles, à manier légerement de gros fardeaux. On accoutuma d'abord le Soldat au *pas militaire;* c'est-à-dire, à faire en cinq heures vingt ou vingt-quatre milles de chemin; ensuite on lui ordonna de porter un poids de soixante livres pendant la marche; & on exigea qu'il courût & qu'il sautât tout armé. Après ce travail, il se jetoit dans le Tibre, pour se reposer par la natation, & s'accoutumer au passage subit & inopiné de l'état de chaleur & de sueur, à celui d'un grand froid occasionné par l'eau du fleuve. Enfin, la force étoit en si grande vénération, qu'un Soldat coupable de lâcheté étoit condamné à se faire saigner, pour le dégrader entierement & lui faire perdre l'énergie de ses sens.

Nul Peuple, dans le Monde, n'offre une constitution capable de ſoutenir ces travaux & cette alternative de froid & de chaud. Il faut aux Soldats de l'Europe moderne des lits de paille & de laine ; les exercices ſont moins des travaux, que des mouvemens de grace & des évolutions d'agrément, le Soldat périt, au contraire, quand le beſoin preſſant ordonne quelque travail extraordinaire : auſſi l'âge de fonder, par les armes, de nouveaux Empires, eſt paſſé.

On trouve, chez les Romains, d'autres cauſes de la ſupériorité de leurs armes ; c'eſt la grande docilité de leur eſprit, toujours porté à adopter les bons uſages des Peuples avec leſquels ils eurent des rapports militaires. Ils quitterent d'abord la Rondelle Argienne pour l'énorme Bouclier des Sabins ; ils apprirent des Etruſques à ouvrir & ranger, par manipules ſéparés, leur formidable Légion, qui combattoit auparavant ſans intervalles ; les Eſpagnols leur donnerent l'idée de leur épée ; ils armerent leurs chevaux comme les Grecs ; ils eurent des vaiſſeaux Rhodiens, des Frondeurs Baléares, des Archers Crétois, & des chevaux Numides : un tel Peuple, paſſionné pour la gloire, recherchoit perpétuellement de nouveaux moyens pour arriver à ſon but, tandis qu'un Peuple puſillanime ne quitte que difficilement ſes vieilles routines.

Dans le choix du Soldat, les Romains obſervoient des uſages qui pouvoient former des armées encore plus valeureuſes ; ils rejetoient les hommes qui n'avoient pas un air alerte & fier, des couleurs vives, ou qui étoient chargés d'un gros ventre ; ils conſidéroient au contraire l'œil vif, la tête élevée, la poitrine large, les épaules fournies, la main groſſe & forte, les bras longs, le ventre petit, la taille dégagée, la jambe & le pied nerveux & peu charnus, comme des indices de vigueur & de courage. Vegece veut qu'on exclue tout homme qui exerce des professions de femmes; il demande de préférer, au contraire, des Laboureurs, des Forgerons, des Charpentiers, des Bouchers, & des Chasseurs. C'est que, pour être bon Soldat, il ne falloit pas beaucoup penser, mais beaucoup agir.

Les Romains avoient égard encore au lieu natal du Soldat: la haute stature & la force des Germains leur avoit appris que dans les pays montagneux les hommes sont & plus robustes & plus enclins à la guerre; & comme c'est d'ailleurs la région des bêtes & des oiseaux les plus carnassiers & les plus forts, l'espece humaine de même, s'y trouvant dans un climat rigoureux, y acquiert aussi plus de vigueur, & devient capable d'exécuter de plus grandes entreprises. *Quel Général*, dit un ancien proverbe romain, *oseroit se promettre l'honneur d'un triomphe, sans le secours des Marses?* Des prodiges d'héroïsme & de force avoient illustré en effet ce Peuple qui habitoit les hauteurs de l'Apennin.

Les Soldats Romains avoient une cuirasse de cuir, & une seconde au-dessous, piquée de laine, pour qu'elle ne les blessât point. Ils couvroient leurs épaules, la poitrine, & les reins, de lames de cuivre ou d'acier. Les Soldats de l'Europe moderne supporteroient-ils volontiers le poids de semblables armes défensives?

Au commencement, les Romains ne connoissoient pas l'art de se chausser; & Rome, fondée par une troupe de bandits, sans arts ni métiers, ne pouvoit pratiquer la variété de ceux qu'on comptoit nécessaires pour une chaussure.

Quand, à Rome, on eut trouvé ou imité l'art des souliers, les Soldats s'en servirent dans leurs incursions militaires; ils n'étoient faits que d'une semelle fort grosse, d'où partoient des bandes de cuir qui se croisoient mutuellement sur le pied, se plioient & replioient en avant

& de par derriere, laiſſant entre elles des loſanges, à travers leſquels on voyoit la jambe toute nue; la ſemelle étoit garnie de cloux, & la chauſſure militaire étoit fort peſante, afin qu'elle pût réſiſter davantage à la marche, & que le Soldat pût gravir plus aiſément les lieux arides & montueux.

Le Soldat Romain étant, ſelon les principes de la République, un homme précieux, avoit de grandes prérogatives : s'il pourſuivoit ſon agreſſeur par des procédures, il avoit le droit d'être jugé, comme dans nos inſtitutions modernes, par ſes Pairs. Camille avoit défendu, à ce ſujet, aux Soldats de plaider hors du camp & loin de ſes enſeignes. Sous les Empereurs, les Soldats obtinrent le droit excluſif de teſter du vivant de leurs peres, & une certaine indépendance particuliere aux gens de guerre dans les Etats militaires. Ce caractere engagea Juvénal à écrire une ſatire contre eux. « Le métier de la guerre, » dit-il, eſt le plus ſûr moyen pour jouir de toutes ſortes de priviléges. » Un Soldat frappe-t-il un Citoyen ? perſonne n'oſe dépoſer contre lui. » A-t-il un procès ? il eſt jugé ſans délai. Fait-il fortune ? il peut » teſter du vivant de ſon pere ».

Il y avoit un uſage établi dans les armées Romaines, par lequel on prévenoit les maladies épidémiques & celles occaſionnées par le changement de climat; c'étoit de faire uſage de l'*acetum*, du vinaigre. Tant que le Soldat Romain étoit pourvu de cette boiſſon, il n'étoit ſujet à aucune maladie; quand elle manquoit, les maladies putrides, dont le vinaigre eſt l'antidote, ravageoient les armés. Les Romains diſtribuoient le vinaigre au Soldat *par ordre*; chacun en étoit pourvu pour pluſieurs jours, & en verſoit quelques gouttes dans l'eau qu'il buvoit; & cette boiſſon, non ſeulement étoit agrablée au goût,

mais elle empêchoit tout tempérament qui auroit pu gagner de l'embonpoint, de perdre cet air dégagé, alerte, & dispos, nécessaire à un Peuple conquérant. Le Comte de Saxe reconnoît, dans ses Rêveries, combien un tel caractere est nécessaire au Soldat. « Il est ab-
» solument nécessaire, dit-il, de le faire travailler. Qu'on lise dans
» l'Histoire le détail des fonctions auxquelles le Soldat Romain étoit
» assujetti, & l'on verra que la République regarda constamment le
» repos & l'oisiveté comme ses plus redoutables ennemis. Les Con-
» suls ne préparoient les Légions à la victoire, qu'en les rendant
» infatigables; & plutôt que de les laisser sans agir, ils leur fai-
» soient entreprendre un travail inutile. Un exercice continuel fait
» les bons Soldats, parce qu'il les remplit d'idées relatives à leur
» métier, & leur apprend à mépriser les dangers, en les familiarisant
» avec la peine. Le passage de la fatigue au repos les énerve: il est
» des objets de comparaison qu'il est difficile de rapprocher, sans que
» la paresse, cette passion si connue & si puissante chez les hommes,
» ne s'accroisse, n'apprenne à murmurer, & n'amollisse l'ame, après
» avoir amolli le corps ».

Desfraisne del. le Coeur Sculp.

Fille Spartiate.

FEMME SPARTIATE
A L'ARMÉE.

Condition des Femmes dans les Nations peu civilisées. Leur situation en Europe depuis la fondation des Etats modernes. Modestie & primitive simplicité des femmes de cet âge. L'âge de la galanterie succede, dans ces Nations, à ces mœurs antiques. De l'âge des plaisirs & divertissemens. Des Femmes Spartiates dans l'âge primitif; leur caractere, leurs mœurs, leurs costumes. Vues sur la nudité. Que le sentiment de la nudité est factice & l'ouvrage des Sociétés. Mariage des Femmes Spartiates. Leur fécondité. La beauté de leur corps. Cause de la beauté de la machine humaine. Cause de la belle imitation des Artistes Grecs. Décadence de la vertu dans la Grece parmi les Femmes.

LA marche de la civilisation a changé la condition des femmes en France & dans quelques parties de l'Europe : mais avant cette réforme, opérée par la galanterie & l'amour du plaisir, leur sort, comme celui des Peuples conquis, fut d'être soumises au pouvoir du plus fort.

Dans l'Empire du Mogol, au Japon, en Perse, en Turquie, & même dans le vaste & sage Empire des Chinois, les femmes gémissent encore sous une douloureuse oppression. En Amérique, en Afrique, & dans tous les pays du monde non civilisés, l'homme a encore dégradé cette moitié de lui-même; & l'Europe, toute civilisée qu'elle eſt, montre encore, dans ſes lois, des reſtes, & de ſon ancienne barbarie, & de l'empire tyrannique exercé ſur un ſexe foible & délicat, qui ne paroît vivre que de ſenſibilité.

Dans cette partie du Monde qui renferme la plus belle portion du genre humain, les femmes n'ont obtenu, pour ainſi dire, dans la Société, une ſorte d'exiſtence honorable, que par les aſtuces, ſeule & derniere reſſource de la foibleſſe : épouſes & meres, ces deux auguſtes qualités ne furent pas ſuffiſantes pour leur donner un état indépendant & ſupérieur. Tous ces Barbares du Nord, qui fonderent l'Angleterre, la France, l'Eſpagne, & les Nations Européennes, animés de l'eſprit de conquêtes & froids en amour, traiterent, dans leurs lois, les femmes en Conquérans, & à peu près comme on traite avec un ennemi aſſervi & vaincu.

L'âge de la galanterie ſuivit, dans la marche de nos mœurs, cette férocité primitive ; & les femmes ſurent bien ſe venger de tant d'inſenſibilité, par une retenue & une modeſtie touchantes. La Chevalerie, qui domina dans toute l'Europe, maintenue par les ruſes d'un ſexe dont on commença à reconnoître les charmes, captivoit les cœurs à meſure qu'ils devinrent ſenſibles au plaiſir. L'empire des femmes s'accrut inſenſiblement. On vit, d'un côté, la loi du plus fort dominer encore ſur elles *par le droit*, & la loi du plus aviſé dominer *par le fait* ſur le plus fort. Un Guerrier, pour ſe rendre digne des faveurs de ſa Dame, alloit affronter la gloire & les combats.

Malheur aux Nations où le plaiſir devient enſuite facile & commun : ſi vous en ôtez les difficultés, vous en ôtez les charmes. Le cœur des Citoyens, au lieu d'acheter par de longs & valeureux travaux la récompenſe, occupé de jouiſſances multipliées & aiſées, ſe ramollit,

C'en eſt fait des belles paſſions; l'âge de jouir ſans aimer ſuccede à l'âge des longues amours & des rares jouiſſances; & le libertinage des mœurs touche de près à cette révolution : les femmes alors ne ſont plus ce que la Nature les a faites, & elles ſont éloignées même de l'état qu'elles s'étoient fait dans la Société. Un mauvais Obſervateur des mœurs régnantes, calomniant encore ce ſexe malheureux, le ſuit alors dans ſes écarts, ſes défauts, & finit par ſe détacher d'un ſexe que nos ſeules inſtitutions ont fait tel qu'il ſe montre à nos yeux.

Montons donc en eſprit dans les temps anciens, pour reconnoître l'état primitif des choſes; plaçons-nous à cette époque où il étoit permis aux femmes de paroître citoyennes, de montrer leurs vertus ſans obſtacles; obſervons la nature de leurs vertus, & jugeons ſi la foibleſſe dont nous les accuſons eſt leur ouvrage ou le nôtre.

Les inſtitutions civiles ne diſtinguoient point à Sparte les femmes du reſte des Citoyens : les lois pour la défenſe de la Patrie & l'éducation publique, étoient les mêmes; & cette admirable unité développa en elles toutes les vertus dont, comme nous, elles ſont capables.

Nos lois & nos uſages couvrent aujourd'hui les femmes de toutes ſortes de voiles; mais les filles de Sparte n'étoient point nues dans leur nudité même : *l'honnêteté publique les couvroit* de ſon voile impénétrable. Auſſi n'appartient-il qu'à des Peuples corrompus de trouver des nudités dans les femmes : la Nature n'a rien fait de nu; la connoiſſance du nu eſt l'ouvrage d'une imagination libertine & d'une Société dégénérée & corrompue.

Au lieu de s'occuper de plaiſirs & de mener cette vie inactive qu'on obſerve parmi les Peuples depuis long-temps civiliſés, les filles des Spartiates étoient dreſſées, comme les garçons, à tous les exercices publics & ſolennels : leurs plaiſirs ne conſiſtoient point dans la jouiſſance des ſens : les ſeuls plaiſirs d'un Peuple libre leur étoient agréables ; & pour maintenir, par les armes, la liberté politique, que tous les âges & tous les ſexes déſiroient de conſerver à la Patrie, les filles ſe plaiſoient, comme les garçons les plus vigoureux, à la lutte, à la courſe, & à lancer le javelot : ces occupations laborieuſes les préparoient à concevoir des enfans robuſtes, qui devoient un jour rendre les mêmes ſervices à la Patrie.

Le coſtume des Peuples eſt preſque toujours analogue au caractere national. Les femmes Grecques n'avoient ordinairement qu'une robe & un manteau : les plus qualifiées avoient une ſorte de ſimarre à queue traînante, attachée ſur l'épaule droite ; la chûte de cet ample manteau, formé de plis & replis, lui donnoit beaucoup de graces & une ſorte de majeſté. Elles avoient quelquefois des tuniques ſans manches ; ce qui laiſſoit, comme dans les hommes, leurs bras vigoureux à découvert ; la plus courte de ces tuniques ceinte au-deſſous du ſein, deſcendant juſqu'au milieu du corps, & la plus longue juſques aux pieds.

Les filles Spartiates étoient vêtues plus légerement : une robe flottante ne couvroit que la partie ſupérieure de leurs cuiſſes, & un ruban élevoit derriere la tête, des cheveux flottans, qui les auroient embarraſſées dans leurs exercices & leurs évolutions.

Devenues épouſes, les femmes Spartiates adoroient leurs maris ; elles ne leur demandoient point des voluptés, mais un grand nombre d'enfans : plus elles en donnoient à la Patrie, & plus elles ſe couvroient de gloire. Plutarque dit que dans les jouiſſances les plus voluptueuſes de l'hymen, les femmes étoient vêtues en hommes, ſans doute pour affoiblir la force du plaisir, qui eût efféminé des cœurs dont l'énergie étoit nécessaire à la défense de la Patrie. Aussi, quand une femme étrangere reprochoit à Gorgonne, Reine de Sparte, la force de leurs mœurs & l'égalité des femmes & des maris : *C'est*, répliqua la Reine, *parce qu'il n'y a que nous qui mettons des hommes au monde.* C'est pour cela que dans les Nations étrangeres on recherchoit au moins des Nourrices Spartiates, croyant que les premiers soins de l'enfance & le lait de pareilles femmes, pouvoient communiquer aux esprits une teinte de la force Lacédémonienne. Alcibiade fut allaité à Athenes par une Nourrice de Sparte ; mais le luxe & les plaisirs d'Athenes devoient altérer, dans ce célebre Grec, les principes Lacédémoniens : galant à Athenes, & sobre à Sparte, il ne connut jamais l'inflexible caractere qui dominoit dans l'austere Lacédémone.

C'est à l'activité de leur vie & à leurs exercices que les Spartiates devoient, non seulement toute la force de leur tempérament, mais encore la beauté des formes qu'on admire dans les productions de leurs Arts & dans les Ouvrages des Savans de la Grece. Une forte constitution, raffermie encore par l'exercice, détermine les muscles, les nerfs, & tout l'ensemble de la machine humaine, à prendre toutes les formes qu'ordonna la Nature dans la conformation du corps humain. Les extrémités bien arrondies, que nous ne trouvons parmi nous que dans le jeune âge, & qui décelent la vigueur du tempérament, appartenoient à tous les âges. Les Grecs, d'un commun accord, reconnoissoient que si la vieillesse avoit quelque chose d'agréable, & se conservoit saine & dans l'embonpoint, ce n'étoit que dans la Ville de Lacédémone. C'est une loi de la Nature, que les corps vigoureux & les belles formes, dans l'espece humaine comme dans les animaux, ſe trouvent où réſident la liberté & l'exercice des forces.

La Nature, les uſages, & les inſtitutions politiques ſe réunirent donc chez les Grecs, pour donner à ce Peuple célebre l'idée du beau idéal & l'imprimer dans l'ame des Artiſtes : les exercices d'une belle & brillante jeuneſſe, l'habitude de la conſidérer toute nue, la facilité de voir une grande variété de beaux corps, égale à celle que nous avons de reconnoître les différentes beautés du viſage, leur apprit l'Art divin d'exprimer le nu dans toute ſa beauté ; & l'homme parvint à imiter les formes les plus ſublimes inventées par les Dieux.

Tant d'héroïſme parmi les Grecs & une perpétuelle inclination à ſuivre la Nature, donna aux femmes ce caractere mâle que le ſexe a perdu entierement dans les Empires modernes : mais la vertu la plus remarquable qui les fit diſtinguer, fut leur amour pour la Patrie. On voit des Phocéennes conſentir à s'enſevelir ſous les ruines de la Ville, pour éviter les horreurs d'un aſſaut : d'autres, voyant fuir leurs époux épouvantés, courent à leur rencontre, les font rougir, ferment le paſſage, & les obligent à forcer l'ennemi : « C'eſt à Sparte, dit M. Thomas, que les Lettres viennent de perdre, « qu'on retrouve, » dans les femmes, des ames toutes différentes de celles que nous » connoiſſons : la Nature immolée à la Patrie ; l'honneur mis avant la » tendreſſe ; le nom de Citoyenne préféré au nom de mere ; des larmes » de joie ſur le corps d'un fils percé de coups ; des mains mater- » nelles armées contre un fils coupable de lâcheté ; des ordres de » mourir envoyés à un fils ſoupçonné d'un crime ; la douleur & la » plainte regardées, ou comme une foibleſſe, ou comme un outrage ; » l'intrépidité juſques dans la ſervitude, & l'exemple d'une d'entre » elles, qui, priſonniere & vendue comme eſclave, interrogée : *Que*

» *fais-tu? Etre libre*, répondit-elle; & à qui son maître ayant commandé » une chose injurieuse, *Tu ne me méritois pas :* & elle se laissa mourir ».

Dans les âges dont nous avons décrit les mœurs, tout étoit énergie & grandeur d'ame dans le sexe : dans l'âge qui suit, tout paroît n'être que jouissance. Athenes, qui, la premiere, secoua le joug de l'austere représentation ; & Corinthe, Ville commerçante, riche, & luxurieuse, donnerent le ton & l'exemple de la galanterie.

Les Courtisanes pullulerent bientôt de toutes parts ; & les Artistes, qui avoient un fréquent besoin d'observer en détail les beautés du corps humain, pour en donner des images vraies & séduisantes ; qui étoient dans la nécessité encore d'étudier le corps d'un grand nombre de filles, pour trouver, dans la multitude, la beauté idéale déjà peinte dans leur esprit : les Artistes, dis-je, honorés dans toute la Grece, firent tolérer d'abord cet essaim de Courtisanes qu'on vit dans tous les coins de la Grece.

Falloit-il représenter une Junon, une Diane, une Vénus, c'est-à-dire, le caractere majestueux, ou imposant, ou voluptueux de ces Déesses du Paganisme? l'Artiste choisissoit, parmi ces filles, celles dont le caractere étoit analogue à celui qu'il vouloit exprimer : de là, comme le remarque M. Thomas, non seulement la tolérance, mais même la considération publique dont jouirent ces Courtisanes.

Enfin, quand la Grece eut appris à connoître, soit le beau idéal des Artistes, soit le beau de la Nature même ; quand tous les Arts furent perfectionnés, ennoblis, & récompensés, cette propension des Grecs charmés du beau, donna encore du relief à l'état de Courtisane. On adora la beauté ; & toute femme qui étoit belle, fut adorée. La Grece, sortant de son ancienne rusticité, se porta vers le sexe, avec la paſſion & l'enthouſiaſme d'un jeune homme qui devient ſenſible tout à coup à ſes charmes,

L'empire ſouverain du beau ſexe ſur tous les Ordres de l'Etat ſuivit de près cette premiere révolution morale : & ce ſexe actif & ingénieux ſe vengea bientôt auſſi de ce que l'autre moitié de l'eſpece humaine avoit oſé autrefois l'aſſervir. Démoſthene lui-même, la terreur des Tyrans, fut ſubjugué ; & Socrate, le ſage Socrate, & Periclès, venoient chez Aſpaſie, & pour ſes graces, & pour les charmes de ſon eſprit. Les Grands de la Grece, les Artiſtes, & les Savans s'aſſembloient encore chez les femmes connues par leur galanterie ou leur aménité, comme on s'aſſemble à Paris chez nos Dames les plus célebres, pour ſe perfectionner le goût, obſerver la marche des Lettres, celle des Arts, l'opinion publique, & le goût dominant,

Desrais del. le Cœur Sculp.

Mariage Romain

MARIAGE
DES ROMAINS.

Cérémonies, usages, & superstitions. Autorité du mari sur sa femme, ses enfans, ses esclaves. Caractere des Romains dans le sein de leur foyer, soit dans les âges vertueux de la République, soit pendant leur décadence.

LES fiançailles & les cérémonies du Mariage étoient, chez les Romains, deux cérémonies purement civiles: le sacrifice qui l'accompagnoit, n'étoit qu'accessoire. Sans Prêtre, sans contrat, le Fiancé donnoit des arrhes à sa future Epouse, & un anneau de fer. La Fiancée, de son côté, se soumettoit à quelques usages analogues au génie Romain: elle se peignoit les cheveux avec la pointe d'une pique, pour présager qu'elle enfanteroit des hommes belliqueux. Mais les épousailles étoient plus solennelles. Après avoir arraché l'Epouse future du sein de sa mere, on mettoit sur sa tête une couronne de verveine, qu'elle avoit faite de ses propres mains; au seuil de sa porte, on exposoit du feu & de l'eau, que les deux Fiancés devoient toucher, & l'on faisoit des aspersions de cette eau sur la tête de la nouvelle Mariée; ensuite on couvroit sa tête d'un grand voile, de maniere qu'elle ne devoit être apperçue, pendant la cérémonie, que de son seul mari.

Dans le sacrifice qui accompagnoit la Fête, l'Epoux & l'Epouse se donnoient la main droite; le *Popa* tenoit les deux cornes d'un taureau que le *Victimaire* frappoit à coups de hache, & un Sacrificateur versoit sa coupe sur le feu. On voit cette cérémonie dans le Tableau qui accompagne cet article.

Un jeune homme, revêtu de la Prétexte, devoit conduire à la cérémonie la future Epouse; mais après les épousailles elle appartenoit entierement à son Mari; on lui donnoit les clefs de la maison, & on la plaçoit sur une toison, pour lui faire entendre qu'elle devoit s'occuper du soin de travailler à la laine. Un festin suivoit cette cérémonie, & les Grands de la République étoient en usage de distribuer des médailles pour en conserver le souvenir.

Le moment de se retirer arrivoit, & les jeunes Epoux, en passant dans leur appartement, y trouvoient le Dieu *Subjugus*, le Dieu Priape, & les Déesses *Prema* & *Virginensis :* des femmes mettoient la nouvelle Mariée dans son lit, & tous invoquoient le génie du Mari; enfin, on honoroit la Déesse *Viri-Placa*, qui appaisoit le Mari irrité contre la femme, afin de rendre leur union plus parfaite.

Quand une Veuve contractoit Mariage, on ôtoit le lit des premieres noces, afin que le nouvel Epoux ne couchât point dans le lit où l'ancien étoit mort; on changeoit même les meubles de l'appartement, & tout ce qui avoit servi au Mari défunt.

On croyoit, à Rome, que la rencontre d'une corneille, pendant les cérémonies du Mariage, étoit de bon augure; mais un temps orageux, un tremblement de terre, un ciel couvert de nuages, retardoient les épousailles: ce Peuple superstitieux se persuadoit que ces circonstances rendoient le Mariage malheureux. On croyoit même que le mois de Mai étoit funeste aux futurs Epoux; & cette superstition fut telle à Rome, qu'elle empêcha ce Peuple, d'ailleurs si sage, de s'appercevoir que la Nature se renouvelle, semble rajeunir à cette époque, & reproduit les générations des êtres sensibles. Les Modernes, plus éclairés dans les Sciences, ont reconnu qu'il venoit au monde un plus grand nombre d'enfans dans les mois de Janvier & de

Février; ce qui prouve bien que le mois de Mai, rejeté par les Romains, eſt le plus favorable à de nouveaux Mariages.

Après la cérémonie des épouſailles, la femme paſſoit ſous l'autorité arbitraire de ſon Epoux, qui devenoit le ſouverain abſolu de toute la maiſon : l'Hiſtoire néanmoins ne montre point que les peres de famille aient abuſé de leur pouvoir, qui s'étendoit juſques au droit de vie & de mort ſur la femme, les enfans, & les eſclaves. Or il falloit qu'il régnât, dans la République, une ſageſſe & une modération bien extraordinaires, pour retenir les chefs de famille dans les bornes de la juſtice : car ſi les abus, à ce ſujet, avoient été fréquens, l'autorité légiſlative de l'Etat y eût apporté remede. On voit au contraire que pendant toute la durée de la République, ce pouvoir fut maintenu ſans aucune modification ; toujours le pere de famille exerça ſon autorité ſans partage & ſans en rendre compte à perſonne : & comme il n'y avoit aucune loi contre l'adultere, ni contre les déſordres & la déſobéiſſance des enfans ; la connoiſſance & la punition de ces délits domeſtiques appartenoient entierement au Mari.

Après un crime de cette ſorte, on voyoit le pere de famille aſſembler ſes parens & ceux de l'Epouſe coupable ; on examinoit la faute avec grand ſoin ; car la femme devoit en être entierement convaincue : le chef de la maiſon prononçoit enſuite la ſentence, & même une ſentence de mort, avec autant de fermeté & de force que s'il avoit pratiqué un acte de généroſité : enſuite le Juge-Mari avoit la cruauté de l'exécuter de ſang froid, ou de la faire exécuter, pour conſerver dans ſa maiſon les maximes Romaines ou patriotiques, dans leſquelles ce Peuple étonnant faiſoit conſiſter toute la vertu. On eſt ſurpris de trouver chez un Peuple ſi ſage, des mœurs auſſi atroces & des lois auſſi dures : en cas de délit, un pere de famille étoit en même temps, pere, époux, maître, juge, & bourreau de sa femme, de ses enfans, & de ses esclaves.

Ce pouvoir absolu des Romains sur leurs enfans, leurs épouses, fut exercé quelquefois dans toute sa rigueur. On connoît l'odieuse austérité de Manlius Torquatus; il ordonna la mort de son fils même victorieux, qui avoit reçu des ordres de ne pas combattre. L'Histoire de la République est remplie de faits semblables, qui montrent les lois patriotiques plus puissantes que le cri de la Nature même, auquel tous les êtres animés sont si sensibles, depuis les oiseaux du ciel jusques aux bêtes les plus sanguinaires.

La condition des esclaves soumis à de tels maîtres, fut très-douce dans les premiers siecles de Rome vertueuse. Il y avoit peu de différence dans les habits & dans la maniere de vivre des maîtres & des serviteurs: ils travailloient, mangeoient, & habitoient tous ensemble, sans aucun faste & avec la plus grande simplicité. Horace, dans le Livre second de ses Satires, témoigne qu'il avoit encore conservé chez lui cet ancien usage. Mais le sort des esclaves devint malheureux, quand des mœurs dépravées eurent corrompu le cœur des Romains. L'égoïsme persuada qu'ils n'étoient que les instrumens de la vanité & du luxe; on les dévoua aux spectacles sanglans & inhumains des gladiateurs. On dégrada, dans ces âges pervers, l'espece humaine, jusqu'à traiter ces malheureux avec plus de dureté que les animaux. C'est alors que les esclaves devinrent redoutables à Rome, & qu'oubliant leur condition, ils essayerent souvent de prendre les armes contre leurs tyrans.

www.ingramcontent.com/pod-product-compliance
Ingram Content Group UK Ltd.
Pitfield, Milton Keynes, MK11 3LW, UK
UKHW021007200726
13857UKWH00004B/1324